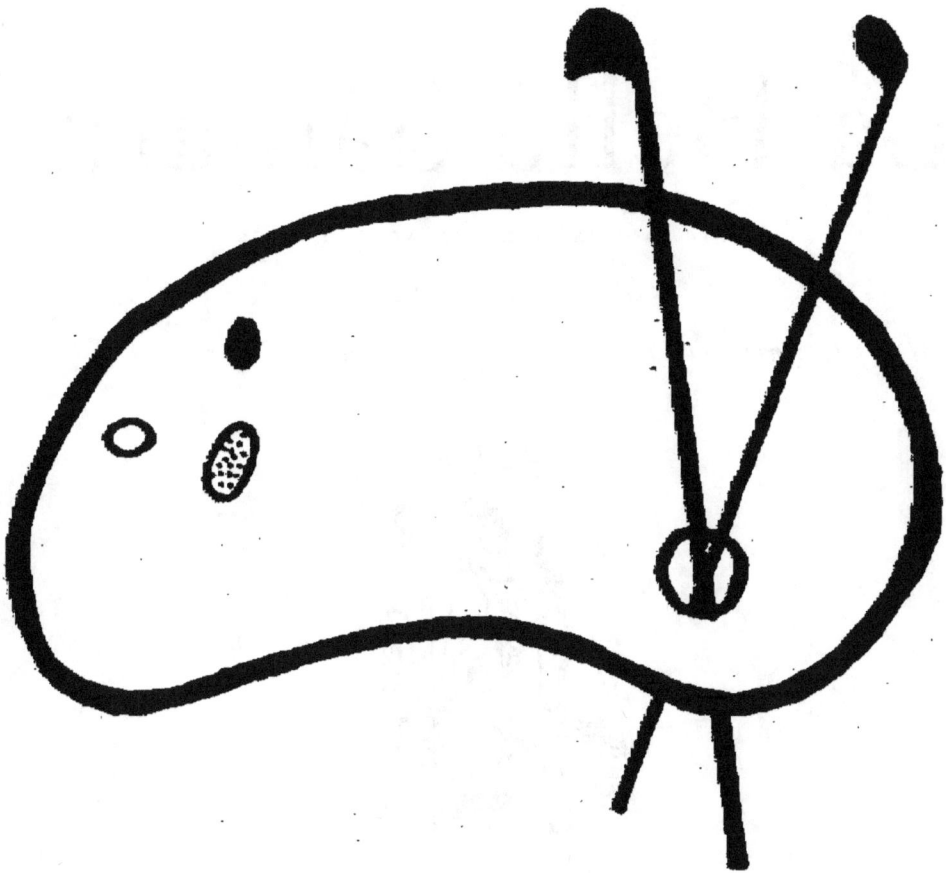

COUVERTURE SUPERIEURE ET INFERIEURE
EN COULEUR

ERNEST D'HERVILLY

La Belle Saïnara

COMÉDIE JAPONAISE EN UN ACTE, EN VERS

NOUVELLE ÉDITION

Conforme aux représentations de la Comédie-Française

PRIX : 1 FR. 50

PARIS
ALPHONSE LEMERRE, ÉDITEUR
23-31, PASSAGE CHOISEUL
NEW-YORK, 13 WEST, 24th STREET

M DCCC XCV

A LA MÊME LIBRAIRIE

ŒUVRES

DE

Ernest d'Hervilly

POÉSIES

THÉATRE EN VERS

OUVRAGES EN PROSE

SOUS PRESSE

Paris. — Imp. A. LEMERRE, 25, rue des Grands-Augustins — 3.-2:97.

La Belle Saïnara

COMÉDIE JAPONAISE EN UN ACTE, EN VERS

Représentée pour la première fois sur le théâtre national de l'Odéon,

le 22 novembre 1876

et reprise

A LA COMÉDIE-FRANÇAISE

le 10 décembre 1893.

OUVRAGES DU MÊME AUTEUR

PUBLIÉS A LA LIBRAIRIE ALPHONSE LEMERRE

POÉSIES

THÉÂTRE EN VERS

OUVRAGES EN PROSE

SOUS PRESSE

ERNEST D'HERVILLY

La Belle Saïnara

COMÉDIE JAPONAISE EN UN ACTE, EN VERS

Conforme aux représentations de la Comédie-Française

NOUVELLE ÉDITION

PARIS

ALPHONSE LEMERRE, ÉDITEUR

23-31, PASSAGE CHOISEUL

NEW-YORK, 13 WEST, 24th STREET

—

M DCCC XCV

A MADAME

MARGUERITE CHARPENTIER

je dédie

comme un témoignage de ma respectueuse gratitude

CETTE COMÉDIE JAPONAISE

qui fut jouée dans son salon le 15 mars 1874

par

Mlles REICHEMBERG, CHAPUY, DAMAIN

et

M. COQUELIN CADET

PERSONNAGES

	Odéon	Comédie-Française
KAMI.	M. POREL.	M. COQUELIN CADET.
SAÏNARA.	Mlles ANTONINE.	Mlles BERTINY.
MUSMÉ (Sazhima). . . .	CHARTIER.	LUDWIG.
TAÏ-PHOON (Djouros) .	GRAVIER.	RACHEL BOYER.

Les études de la mise en scène, lors de la reprise, ont été dirigées par M. PRUDHON, *sociétaire de la Comédie-Française, avec des soins, un dévouement et un goût que l'auteur est heureux de reconnaître ici, en en remerciant bien cordialement cet excellent et ingénieux artiste.*

AU JAPON ANCIEN...

O Japon diapré d'autrefois!... clair pays
Des princesses au front d'une candeur de neige
Dont la robe — inclinant les fiers Samouraïs —
Suit les pas, à flots lents, comme un noble cortège!...

Japon harmonieux dans l'éclat des couleurs,
Où l'orbe d'un écran condense la nature!
O Jardin raffiné, que désertent ses fleurs!
C'est de toi que mes vers sont la pâle peinture.

Japon Ancien, artiste, héroïque, galant,
C'est toi seul (le premier à Paris, quoi qu'on die)
Qu'avec plus de tendresse, hélas! que de talent,
J'ai voulu refléter dans cette Comédie...

L'Empire du Soleil Levant, — *modernisé,* —
Ah! toujours je l'honore, — *encor que je soupire,* —
Todgin *occidental dont le rêve est brisé,*
*De voir notre « **Habit Noir** » y fonder son empire;*

Je fais des vœux pour lui; je suis de doux regards,
S'ils s'attristent parfois, sa jeune et fraîche gloire!...
Mais c'est le Vieux Japon et ses débris épars
Que mon âme chérit, fidèle à leur mémoire.

Oui, c'est du Vieux Japon que, pensif, mon amour
Voulut faire goûter, — *à la française,* — *en scène,*
La grâce originale et le riant humour
Et les mâles vertus aux Lettrés de la Seine.

J'ai tenté de traduire, — *en mon* **parisien,**
Parisien épris de fine fantaisie,
Ta gaîté délicate, ô cher Japon Ancien,
Et ton esprit discret, ailé de poésie;

Ton exquise et toujours vivante urbanité,
Tes charmes purs, enfin, j'essayai de les faire
Aimer de tous un jour... Folle témérité!...
Pourtant, l'humble croquis à quelques-uns sut plaire.

Mais c'est ton souvenir seul, Japon de jadis,
Qui parfuma mes vers et leur servit d'excuse,
Car je n'ignore pas, et tout haut je le dis,
Combien l'esquisse est frêle, incolore, confuse...

Poètes disparus, peintres évanouis,
Fantômes élégants du Japon qu'on vénère,
Et vous, sculpteurs subtils de netskès inouïs,
C'est vous que j'invoquais en cette œuvre éphémère!...

Grâce à ces Immortels, elle eut un lendemain
Dans le goût d'un public mobile comme l'onde...
Aussi viens-je effeuiller, d'une pieuse main,
Ces strophes, — ô Japon antique! — sur leur tombe.

ERNEST D'HERVILLY.

2 novembre 1893.

La Belle Saïnara

La scène se passe aux environs de Yeddo (aujourd'hui Kioto), sous les vieilles futaies de Shiba, par une claire soirée d'été, dans une maisonnette à toit de chaume.

Au lever du rideau, on l'aperçoit, toute petite, encadrée de vastes et sombres ramures, se silhouettant sur le saphir étoilé du ciel.

Dans l'intérieur, qui est décoré de quelques meubles délicats et fragiles, d'objets d'art et de fleurs, sur des nattes, devant une table très basse, à côté de laquelle une haute lampe brûle dans sa lanterne de papier, le poète Kami est accroupi sur ses talons; un fort rouleau de papier pailleté d'or, une fine palette à encre dans sa boîte de laque, et des pinceaux garnissent la table.

Au fond s'ouvre une large baie, découpée d'une façon originale, qui est fermée par des volets de bambous treillissés.

Entrée close de châssis mobiles, à gauche. A droite, porte à rideaux de perles enfilées, donnant dans une autre pièce. Des rustiques sandales de bois sont déposées sur le seuil de l'entrée.

SCÈNE PREMIÈRE

KAMI, *avec un naïf enthousiasme, le pinceau levé.*

Tels, nombreux et pressés, sur les sables marins
Déferlent les flots, tels... distiques et quatrains

Coulent de mon pinceau!... Huit mille deux cent seize!...
Ah! mon poème avance, et m'en voilà tout aise...

Non sans quelque regret.

Il n'aura pas, je crois, plus de... dix mille vers?
Non?... mais dix mille fleurs plaisent dans les prés verts,
Et l'ennui du passant à les voir se dissipe...
La!... reposons-nous donc, et fumons une pipe!...

Il prend et ouvre un éventail qui, plié, était planté droit, près de l'oreille, dans le col de sa robe. Après s'être éventé, il referme son éventail et le passe dans sa ceinture, à laquelle sont pendues une mignonne pipe d'argent et une blague à tabac. Il bourre sa pipe et dit, en se levant pour aller l'allumer au feu d'un petit fourneau :

Oui, mais le chaud du soir... et le feu du travail
M'embrasent! Et d'abord ouvrons quelque vantail.

Il fait glisser dans leurs rainures les châssis qui ferment la grande baie du fond et, tirant quelques rapides bouffées, contemple un instant le poétique tableau de la campagne endormie qu'on aperçoit alors, terminée au loin par la noire silhouette du volcan sacré, le Fousihama.

Belle nuit... Astres d'or!... Ils ont comme les flammes
Des yeux des gens d'esprit et des regards de femmes...

Sa pipe fumée, il la remet dans sa ceinture, reprend son éventail et, s'éventant, retourne à son cher poème, qu'il fait se dérouler, immense, à l'aide d'un léger coup de son éventail, en s'agenouillant de nouveau devant sa table. Après quoi, il replante l'éventail derrière son oreille, et s'arme d'un pinceau. Mais avant de tracer des caractères, il s'écrie avec bonheur :

Ici, fuyant la ville, où rôde le fripon,
Je suis l'homme le plus satisfait du Japon...
O chère solitude !...

*Sur le mot solitude, trois têtes féminines, charmantes, appa-
raissent : l'une à l'entrée, l'autre au fond, au bord de la baie
ouverte, la troisième entre les perles du rideau de la porte de
communication intérieure.*

O silence, je t'aime !

*Ici, trois ironiques éclats de rire, se répondant en échos, l'in-
terrompent, et les trois têtes féminines disparaissent prestement,
tandis que le poète, étonné, se retourne et cherche à deviner ce
qui a pu produire ces bruits singuliers, si inattendus à cette heure
de nuit. Il ne devine pas, mais il sourit et dit en secouant la tête
d'un air entendu :*

Oiseaux !...

Puis il reprend son soliloque.

Tous les huit jours, j'ajoute à ce poème,
Écrit en l'honneur seul de ma Saïnara,
Quelques vers bien rythmés, par qui mon nom vivra !
Oui, moi, Kami, marchand de bronzes et d'ivoires,
Moi, Kami ! pour l'amour de deux prunelles noires,
Chaque semaine, enfin, je me fais le cadeau
D'un jour de poésie, et je quitte Yeddo
Pour venir sous ce toit de chaume, solitaire,
Célébrer ma maîtresse en oubliant la terre.

Après un silence.

Et cela dure, hélas ! depuis bientôt deux ans !

Et, sans avoir pitié de mes soucis cuisants,
Saïnara se rit, fière, avec ses compagnes,
Des soupirs dont j'emplis la ville et les campagnes.
C'est égal, aimons-la jusqu'au jour de la mort!
La constance souvent a su vaincre le sort,
Et toujours la moisson naît pour celui qui sème
Sans relâche... ainsi donc, reprenons mon poème!

Contemplant son œuvre avec complaisance.

Vraiment! je suis ravi de mes vers de ce soir.
Peut-être en les lisant (c'est mon dernier espoir!)
Celle qui me dédaigne à présent quand je passe
Devant elle, un beau jour, me fera cette grâce
De dire : « Ils sont charmants, et je m'y reconnais! »
Et je serai le plus heureux des Japonais!

Il s'évente.

Foi de Kami, je crois que dans ce portrait d'elle
Le poète se montre un peintre assez fidèle?...

Il prend son manuscrit.

Saïnara! — Cruelle à l'air timide et doux,
Voici ce qu'un rêveur méprisé dit de vous :

Il lit :

    « Lorsque tu baignes ton pied tendre
    Dans la rivière aux frais cailloux,
    Les beaux lys rosés font entendre
    Un long murmure de jaloux.

« Tes mains planent, sveltes et blanches,
Sur les cordes des instruments,
Comme un couple d'oiseaux charmants
Qui se becquètent sur des branches ;

« Et puis les ongles de tes doigts,
Chères et délicates choses,
Ce sont les fins pétales roses
De la fleur du pommier des bois.

« Quand ta bouche où la joie éclate
Est entr'ouverte, et que tu ris,
Tes dents semblent des grains de riz
Au cœur d'un piment écarlate ;

« Et ton œil a le feu perçant
Du croissant aigu de la lune,
Tel qu'il apparaît au passant,
Dans un lac paisible à l'eau brune. »

. . . .

Il interroge sa conscience de poète.

Voyons donc ! Cette image est-elle tout à fait
Correcte ? Et le croissant de la lune, en effet,
A-t-il un vif éclat quand le lac le reflète ?
Un vif observateur doit doubler le poète.

Apparaît à la fenêtre circulaire la jolie tête de Musmé.

Si j'allais m'assurer que ma comparaison

Est bonne... au bord du lac qui baigne ma maison?
Oui! j'y vais contempler ce croissant adorable!

Il sort, en s'éventant, par la gauche, après avoir chaussé des sandales de bois qui ont l'aspect de petits bancs.

SCÈNE II

MUSMÉ, *coiffée à ravir, très fardée, a passé sa tête espiègle à la fenêtre du fond, tandis que le poète scrupuleux annonce son projet d'aller contempler le reflet de la lune dans le lac, et elle suit tous ses mouvements d'un œil gai. Quand le poète s'éloigne elle dit :*

Il est parti! — L'instant, ma chère, est favorable :
Entrons!

Elle enjambe la fenêtre et saute dans la chambre vide, légère comme une feuille qui tombe. Elle porte le costume ailé d'une danseuse de profession au Japon.

La! — Cette entrée est cavalière, mais
Tant pis! — Il faut agir ou ce soir ou jamais!
Depuis une heure au moins, par la crainte empêchée,
Je guettais... Je saisis l'occasion cherchée.

Elle s'agenouille, ramasse le pinceau abandonné par le poète, et à la hâte elle trace quelques caractères sur le manuscrit, de haut en bas et de droite à gauche.

J'ai nom Sazhima, mais je signe, ici, Musmé.

Elle signe et dit au public, mais comme à elle-même :

Il revient à son manuscrit.

Et maintenant, achevons le tableau.
Belle Saïnara, comme je vais décrire
Votre nez délicat que fait vibrer le rire!
On travaille si bien et si tranquillement,
Ici. Les champs sont faits pour un poète amant...

Il découvre les caractères tracés par Musmé sur son manuscrit.

Oh! deviendrais-je fou? Quelqu'un, sur cette feuille,
A mis : *Je t'aime.* Ciel! Ah! que je me recueille
Un instant! Je ne suis pas très accoutumé
A ce mot–là : *Je t'aime!* Et c'est signé : *Musmé?...*

On frappe à l'entrée.

Hé! Qui frappe à cette heure?

MUSMÉ, *du dehors.*

Ouvrez-moi, je vous prie.

KAMI.

Qu'entends-je?

MUSMÉ, *d'une voix tremblante.*

Ouvrez, seigneur!

KAMI, *avec ennui.*

Un fâcheux, je parie?...

Il ouvre sa porte et s'écrie avec stupéfaction :

Une femme! chez moi!

Entrée de Musmé, qui feint la plus vive agitation.

SCÈNE IV

KAMI, MUSMÉ.

KAMI, *avec politesse, profondément incliné devant l'étrangère, et se frottant les genoux et les tibias. Signe de très grand respect.*

> Mais, oh! daignez vous seoir,
Madame, tout d'abord...

MUSMÉ, *avec un feint embarras.*

> ... Seigneur, il va pleuvoir...

KAMI, *étonné.*

Comment! dans le ciel pur, mais la lune se berce...

MUSMÉ.

Seigneur Kami...

KAMI, *très étonné, à part.*

Mon nom?

MUSMÉ.

> Il va pleuvoir à verse!
Et je n'ose rentrer toute seule chez moi.

KAMI.

Permettez...

*Il se frappe le front de son éventail fermé ; puis il s'en frappe
la main et dit :*

Vous entrez, et je dis, plein d'émoi :
« Le vent du soir m'apporte une pivoine rose ! »

MUSMÉ, *lui lançant des œillades vives.*

Un compliment ? merci.

KAMI, *à part.*

Pour quelle folle cause
Mon cœur bat-il ? Ses yeux brûlent les miens.

MUSMÉ.

Seigneur,

Je suis Musmé...

KAMI, *désignant du doigt son poème.*

Musmé !

A part.

Je tremble, sur l'honneur !

MUSMÉ.

Je suis Musmé, seigneur, Musmé ; je suis danseuse...

Elle pirouette.

KAMI, *poliment. Coup d'éventail.*

L'abeille, près de vous, est lourde et paresseuse,
Chacun le sait !

MUSMÉ.

Flatteur !

KAMI.

Je dis la vérité.

MUSMÉ, *pirouettant.*

En effet. Excusez ma jeune vanité,
C'est la danse qui fit ma gloire et ma fortune.
Mon pied ne pèse pas... plus qu'un rayon de lune
Sur le nez d'un dormeur !...

KAMI, *saluant.*

Tout Yeddo le dit.

A part.

Çà, que me veut... (son œil me rend tout interdit)
Ce papillon qui vient chez moi battre des ailes ?

Haut.

Madame ?...

MUSMÉ, *vivement.*

Oh ! comptez-moi parmi les demoiselles.
J'ai refusé la main de trois riches lutteurs...

KAMI.

Trois lutteurs ?...

MUSMÉ, *avec un petit geste d'orgueil.*

Trois lutteurs !... et dont les protecteurs
Sont le prince Aïnos et Gawa, le Grand-Bonze !

KAMI, *toujours gracieux.*

Eh bien, mademoiselle... ou leurs cœurs sont de bronze,
Ou tous les trois sont morts d'être ainsi rebutés ?

MUSMÉ, *avec un soupir de regret.*

Hélas !... ils sont vivants !...

Elle pirouette.

KAMI, *à part.*

Quels regrets effrontés!
Cette toilette annonce une vertu douteuse...

MUSMÉ, *joignant les mains.*

Seigneur!...

KAMI.

Expliquez-vous, charmante visiteuse.

MUSMÉ, *avec volubilité.*

Protégez-moi, seigneur! Ce soir, prenant le frais,
Je me suis égarée, et comme j'étais près
Du lac voisin, soudain un homme sort de l'ombre,
Un homme armé, farouche, à la parole... sombre...
Bref, ayant peur, j'ai fui jusqu'ici, follement!

Avec confusion.

Mais quelle est ma surprise, heureuse, en ce moment,
De voir en mon sauveur ce poète modeste
Que Saïnara fuit, bien à tort, et déteste,

Pudiquement.

Cependant que d'une autre... il est... plus qu'estimé...

KAMI, *rougissant.*

Madame!

MUSMÉ, *tendrement.*

Dis : Musmé?

KAMI, *troublé.*

Madame...

MUSMÉ, *plus tendrement.*

> Dis : Musmé !...

KAMI.

Eh bien, Musmé, ceci passe la modestie !

MUSMÉ, *baissant les yeux.*

Je suis danseuse.

Riant.

> Allons, pourquoi fais-tu l'ortie,
Et me repousses-tu cruellement !

Elle pirouette.

KAMI.

> Musmé !

Un honnête homme !...

MUSMÉ. *Elle s'évente.*

Eh bien ?

KAMI.

> Dans mon cœur enfermé
Brûle un amour sans fin pour une jeune fille !...

MUSMÉ, *le criblant d'œillades.*

Mais je suis jeune aussi. Vois, ma prunelle brille ?

KAMI, *au supplice.*

C'est vrai, madame...

MUSMÉ, *tendrement.*

Dis : Musmé.

KAMI.

Madame...

MUSMÉ, *avec passion.*

Dis :

Musmé !

KAMI, *à part.*

Ciel ! qu'elle est belle avec ses yeux hardis !

MUSMÉ, *très vive.*

Je vous aime, Kami !

KAMI, *troublé.*

Quelle épreuve !

MUSMÉ.

Je t'aime !

Elle lui montre du doigt le manuscrit.

Cet aveu, je l'ai fait au bas de ton poème...

KAMI, *revenant à la raison.*

Soit !... Mais mon cœur toujours et jamais ne dira
Qu'un seul nom, et ce nom...

MUSMÉ.

C'est ?...

KAMI.

C'est Saïnara!

On frappe violemment à l'entrée. Les deux jeunes gens demeurent interdits. — Une voix se fait entendre au dehors.

TAÏ-PHOON, *du dehors.*

Ouvrez!

MUSMÉ, *avec terreur.*

Je suis perdue! Oh! c'est la voix de l'homme
Qui m'a suivie au bord du lac!...

KAMI.

Bouddha m'assomme,

S'il vous touche, Musmé!

Il entr'ouvre le rideau de perles.

Tenez, entrez ici.
Ne craignez rien. Car, moi vivant, sachez ceci,
Nul ne dépassera le seuil de cette porte!

TAÏ-PHOON, *du dehors.*

Ouvre donc, paysan! et que le mal t'emporte!

Musmé disparaît dans la chambre intérieure, après avoir lancé du bout du doigt un baiser de flamme à Kami. Taï-Phoon, frappant toujours.

Par le tonnerre, ouvrez!

KAMI, *se dirigeant vers l'entrée.*

Ah! l'importun brutal!

Il pousse les châssis de l'entrée.

SCÈNE V

KAMI, TAÏ-PHOON.

*Entrée de Taï-Phoon en costume de noble japonais, avec deux sabres
à sa ceinture, où déjà pendille une pipe d'argent.*

*TAÏ-PHOON, son éventail à la main. Avec colère
et marchant à grands pas.*

Ah çà! si je t'offrais trois pouces de métal
Dans la poitrine, ami, que dirais-tu?

Il s'évente.

KAMI. *Il se prosterne.*

J'implore
Mon pardon; je dormais.

TAÏ-PHOON. *Il s'assied.*

Mon cher, tu dors encore!

KAMI.

Non, non, je ne dors plus. Je suis prêt à servir
Mon hôte.

Il se frotte les genoux et les tibias.

TAÏ-PHOON.

Bon! tant mieux!.... — Je n'aime pas sévir.

KAMI, *poliment.*

Permettez!...

Il se frappe le front puis la main de son éventail.

« Le guerrier entre chez le poète,
Tel, aux champs, un boulet rencontre une fleurette! »

TAÏ-PHOON, *avec un profond mépris.*

Ah! tu rimes!... Ma foi, je n'aime pas les vers!
Et je voudrais qu'au feu, car trop lents sont les vers,
On donnât les bouquins fréquemment en pâture.
Les volumes de vers, les albums de peinture,
Rendent légers, dit-on, la vie et son fardeau?
Moi j'ai ma pipe, et suis soldat du Mikado :
Mes sabres, mon cheval, et Musmé la danseuse,
Voilà tous mes amours!... Le reste est chose oiseuse!

Il s'étale sur un coussin.

Allons, vite à nos pieds un flacon de sakki?

Kami lui offre un flacon de cette liqueur et une tasse sur un plateau.

Est-il très bon?

KAMI.

Il vient droit de Nagasaki!...

TAÏ-PHOON, *après avoir bu.*

Un peu doux...

Avec regret.

J'en buvais du meilleur cette année

Qui me vit revenir, la peau presque tannée,
De l'expédition contre ce chef chinois
Dont je brisai les os comme un singe des noix!
Heureux temps! — Bon sakki! — Nous avions pour compagnes
La Victoire et la Mort...

Il boit de nouveau.

KAMI, *à part, avec ennui.*

Bon! — Ce sont ses campagnes
Qu'il va me raconter. Écoutons poliment.

Sentencieusement.

On doit être courtois, fût-ce dans un repaire,
Même avec un tigre, et l'appeler : *le grand-père.*
Tous les sages l'ont dit. Écoutons poliment.

TAÏ-PHOON.

Mais parlons d'autre chose...

KAMI, *avec un soupir de soulagement.*

Ah!

TAÏ-PHOON.

Tu vois un amant
Désespéré, navré!... car j'ai perdu la piste
De Musmé, près d'ici...

KAMI, *feignant l'ignorance.*

Musmé?

TAÏ-PHOON.

La jeune artiste!
Une danseuse enfin, que je veux honorer
D'un regard de faveur, et qui doit m'adorer,
Ou je me trompe fort. — Mais Musmé, tout à l'heure,
Au bord du lac qui luit au pied de ta demeure,
S'échappa de mes mains, comme un oiseau, mon cher!
Je la suis au parfum que ses cheveux dans l'air
Laissent sur son passage, et c'est pourquoi j'arrive,
Poète, en ta maison, unique sur la rive
Du lac; — ah çà! réponds!

KAMI. *Il fait le geste d'un homme qui ne peut donner aucun
renseignement sur ce qu'on lui demande.*

Seigneur...

A part.

Soyons poli.

TAÏ-PHOON, *subodorant l'air tout à coup.*

Jeune homme, on sent chez toi l'odeur du patchouli?
Ne mens pas! Cette femme est ici?

KAMI.

Je vous jure...

TAÏ-PHOON.

J'en suis certain! tu mens!

KAMI, *s'animant.*

Et moi, je vous conjure
De ne pas oublier — c'est une honnête loi,
Étranger de haut rang — que vous êtes chez moi;
Que je n'ai pas de sabre, et qu'il n'est pas d'un homme
Noble et fort d'insulter un inférieur comme
Vous le faites ici!

TAÏ-PHOON.

C'est bon. Allons, l'ami,
Cette Musmé, rends-la?

KAMI.

Seigneur, j'ai nom Kami,
Je suis poète et j'ai de bien faibles mérites,
Mais je connais l'honneur et j'en suivrai les rites!
Votre sabre dût-il me tailler en copeaux,
Je ne répondrai rien à vos rudes propos!

Il s'évente.

TAÏ-PHOON, *fermant son éventail avec bruit.*

Moi, j'ai nom Taï-Phoon! — et je dis, brin de paille!
Que tu mens! Mais ta bouche à m'égarer travaille
En vain!

Il lit comme par hasard les mots écrits sur le poème par Musmé.

Ces mots d'amour sous ce discours rimé
T'accusent, misérable! Ils sont signés : Musmé!

Il lui donne un coup d'éventail.

Tiens! voilà pour toi, lâche!

KAMI, *avec fureur. Il ferme son éventail.*

Il me frappe à la joue!
Je suis déshonoré! Je suis couvert de boue!
Seigneur!

Se contenant.

Vous êtes noble, et rien qu'à votre aspect
On doit s'agenouiller, tremblant, plein de respect...
Mais à ce déshonneur dont votre main m'accable
Je saurai me soustraire...

TAÏ-PHOON, *railleur.*

Oh! le brave impeccable!

KAMI.

Oui, la vie, à présent, m'est à charge, seigneur!
Nul ne vit, au Japon, avec le déshonneur!
Je ne puis dans ton sang noble noyer ton crime!
C'est la loi.

Il s'incline.

Je ne suis que ton esclave infime!
Mais la loi me permet d'offrir à mon cœur fort
La consolation suprême de la mort!
Crois-tu donc qu'un poète en sa honte se vautre?
Non! je saurai m'ouvrir le ventre, comme un autre!

TAÏ-PHOON, *railleur.*

Parfait! Quant à mourir comme un brave, Kami,
J'en doute.

KAMI.

Eh bien, demain, ô cruel ennemi,
Viens voir comment Kami sait tenir sa parole.

TAÏ-PHOON, *ironique.*

A l'heure où le soleil baise chaque corolle
Et sourit sur les monts, va! j'espère te voir,
Bon jeune homme, étendu dans un flot de sang noir;
Mais ce sera par moi!

KAMI, *à bout de patience.*

Ne pousse pas l'insulte

Plus loin!

TAÏ-PHOON, *allant vers l'entrée.*

Bon! le poète a pour la vie un culte
Très fervent! Au revoir. Tout en cherchant Musmé,

Avec férocité.

Je vais choisir l'endroit où doit être inhumé
Le poète Kami, fier protecteur des dames!

KAMI, *fièrement.*

Va! je n'attendrai pas l'aide de tes deux lames
Pour mourir.

TAÏ-PHOON. *Il franchit le seuil de la porte. D'un ton terrible.*

Au revoir!

Il sort.

SCÈNE VI

KAMI. *Il se dirige vers la pièce intérieure où est enfermée Musmé.*

Allons, je me trompais :
La poésie aux champs n'est pas toujours en paix !

Il écarte les fils de perles du rideau.

Madame... il est parti. Venez. Le militaire
Jure et tourne, là-bas, pareil à la panthère...

Il s'aperçoit que la pièce est vide.

Personne ? Ah ! la croisée est ouverte... — Elle aura
Fui par là ?... Bon voyage !...

Avec mélancolie.

O ma Saïnara !
Mourir pour votre bouche aux lèvres incarnates
Est doux ! Mais, pour une autre, ensanglanter ces nattes,
C'est assez triste en somme, à l'âge heureux que j'ai !
Donc, de mes propres mains je vais être abrogé !

Avec résolution.

C'est dur. Mais le temps presse ; achevons mon poème !
Il faut que sur le cœur de mon cadavre blême
On le trouve demain. Belle Saïnara,
En serez-vous touchée ? — Et qui l'éditera ?

Il s'assied et se dispose à écrire. A ses instruments de travail.

Pinceaux !... Encre musquée !... et Palette fragile !
Aides silencieux de la pensée agile,
Oh ! soyez-moi, ce soir, dociles à l'envi,

Serviteurs!... dont le maître est l'esclave ravi!
Je veux tracer ici, dans cette heure suprême,
Des caractères purs, d'une élégance extrême,
Et tels qu'en les voyant, tous les Lettrés chinois
Mordront, pleins de dépit, l'ongle aigu de leurs doigts!...

A son pinceau, avec affection.

Allons, mon cher Pinceau, seul ami du poète,
En route! — et que le jour seulement nous arrête...
Allons, ce soir encor, léger, tendre et joyeux,
Voltige, ô mon Pinceau, sur le papier soyeux,
Ta pointe m'apportant un mot comme une proie :

Petit geste d'éventail.

Telle, sur un étang uni comme la soie,
Voltige l'hirondelle un moucheron au bec!

Tristement.

Demain je serai mort, et toi, tu seras sec...

Il baise son pinceau. — On frappe dans la pièce intérieure.

Encore!... C'est trop fort! La colère me gagne!
Yeddo n'est pas plus peuplé que ma campagne.
Ouvrons. Mais, ô mes vers, qui vous terminera?

Il ouvre les châssis de l'entrée.

Personne!

On frappe de nouveau dans la pièce intérieure.

Ah! c'est encor Musmé!

Il entr'ouvre le rideau de perles, puis recule stupéfait.

Saïnara!

Entrée de Saïnara, dont la mise modeste est d'une exquise harmonie.

SCÈNE VII

KAMI, SAINARA.

SAÏNARA.

Oui, c'est moi...

KAMI, *éperdu*.

Pardonnez ma profonde surprise,
Madame! Je suis fou? Quoi! celle qui méprise
Mes vers et mes bouquets, et rit de ma douleur,
Elle daigne à la fin venir...

SAÏNARA, *gaiement*.

Comme un voleur!
Oui, c'est le mot : je viens d'entrer par la fenêtre.
C'est une espièglerie un peu vive, peut-être;
Mais pourquoi tentez-vous les larrons en laissant,
La nuit, votre fenêtre ouverte à tout passant?

KAMI, *souriant*.

Pour suivre un tel chemin on n'est pas voleur, certe,
Et vous entrez chez moi, par la fenêtre ouverte
(Au risque de briser vos jolis petits os),

Geste d'éventail.

Comme un parfum de fleurs ou comme un chant d'oiseaux.

SAÏNARA, *avec douceur*.

Kami...

KAMI, *transporté.*

Saïnara! vous, la belle des belles!
Vous ici!

SAÏNARA.

Laissons là vos folles ribambelles
De douceurs. Si je viens, en secret, et la nuit,
C'est que ce qui m'amène est grave... le temps fuit...

KAMI, *à part, d'un air sombre.*

Le temps fuit. Je l'avais oublié. Soyons ferme.
Savourons un bonheur dont si proche est le terme!

SAÏNARA, *étonnée.*

A quoi donc songez-vous, poète?...

> *Avec pudeur.*

> > Oh! n'allez pas

Penser, en me voyant faire ce premier pas,
Que... j'exauce à la fin des rêves téméraires...
Non! Vous n'êtes pour moi que le meilleur des frères!

KAMI.

A quoi bon me bercer, madame, avec des mots!
Ah! mon âme le sait et le savent mes maux,
Depuis deux ans déjà la chose est trop certaine,
Ce que je vous inspire, hélas! c'est de la haine.

SAÏNARA, *embarrassée.*

De la haine?... ai-je dit...

KAMI.

Oui, vous me haïssez!

SAÏNARA.

Je n'ai pas dit cela...

KAMI.

Non, mais vous le pensez!
Je le lis dans vos yeux!

SAÏNARA, *dépitée.*

Eh bien, dans mes prunelles,
Lisez aussi, diseur de phrases solennelles,
Que je n'ai pas de temps à perdre, et que je pars!...
Vous n'aurez plus à voir mes horribles regards...

KAMI.

Saïnara!

SAÏNARA. *Elle feint de s'en aller.*

Non! non! Ils vous font trop de peine.
Bonsoir, Kami. Je vais porter ailleurs ma haine!

KAMI, *la retenant.*

Restez, Saïnara!

SAÏNARA.

Vous le voulez?

KAMI.

Pitié!
Saïnara, pardon!

SAÏNARA.

C'est bien; mon amitié
Vous fait ce sacrifice encore. — Allons, je reste.

KAMI, *transporté de joie.*

Ce jour est le plus beau de mes jours, je l'atteste!
Permettez :

Il exécute son geste favori.

« Un sourire éclôt parmi mes pleurs,
Ainsi, près d'un ruisseau, l'iris ouvre ses fleurs. »

SAÏNARA, *gravement.*

Voici ce qui m'amène...

KAMI. *Il l'interrompt.*

Oh! nuit rare et charmante!

SAÏNARA, *impatientée.*

Écoutez-moi, Kami!...

KAMI, *ivre de bonheur.*

Que je vous complimente!
Permettez :

Il se frappe le front, puis la paume de la main.

« Je vous vois, et je me dis ceci :
Un camélia blanc vient de fleurir ici! »

SAÏNARA, *à demi satisfaite.*

Toujours galant, seigneur?

KAMI.

Oui, toujours! Je vous aime!...
Ne le savez-vous plus?

SAÏNARA.

Si, je le sais, et même
Je viens en abuser.

KAMI.

Que vous faut-il ? Parlez.

SAÏNARA, *gravement.*

Eh bien, Kami, demain...

KAMI, *à part, soupirant.*

Oui, demain!

Haut.

Vous voulez?

SAÏNARA.

Eh bien, mon oncle Kash, vous devez le connaître?

KAMI.

Oui. Ce n'est même pas un très agréable être.

SAÏNARA.

Non. Mais, demain, ce Kash, qui vous déplaît si fort,
Sera ruiné, si vous n'avez su d'abord
Le tirer d'embarras avant que l'aube naisse.

KAMI.

Mais que faire? Parlez, ô fleur de ma jeunesse!

SAÏNARA. *Elle s'évente avec rapidité.*

Il faudrait lui prêter huit cent trente itzibous.

KAMI. *Il ferme violemment son éventail.*

Trouve-t-on tant d'argent dans le creux des bambous!
Huit cent trente itzibous! mais, si je ne m'abuse,
Cela fait cent vingt sacs de riz!...

SAÏNARA, *piquée.*

Kami refuse?...

KAMI.

Non; mais...

SAÏNARA, *sèchement.*

C'est bien, monsieur, n'en parlons plus.

KAMI.

Voyons,

Cher soleil qui fait tout briller sous ses rayons!
Belle Saïnara!

SAÏNARA, *secouant la tête.*

Non.

KAMI, *désolé.*

Laissez-moi vous dire.
(C'est la dernière fois!)

SAÏNARA. *Elle boude.*

Cela doit me suffire.

Je m'en vais.

KAMI.

Mon amour!

SAÏNARA, *l'éventail sur les yeux.*

Non! — Mon oncle mourra!
Pauvre Kash!

KAMI.

Il vivra! Voyons, Saïnara,
Laissez-moi m'expliquer... J'ai là, dans ma demeure,
Les cent vingt sacs de riz...

SAÏNARA, *feignant de pleurer.*

Pauvre oncle! il faut qu'il meure!

KAMI, *poursuivant, avec émotion.*

Ces sacs devaient payer l'éditeur de mes vers;
Ces vers étaient pour vous, madame, et l'univers
Aurait, grâce à mon œuvre, adoré tous vos charmes...
Mais que mon nom périsse! et que cessent vos larmes!
Votre oncle Kash devient mon père en ce moment;
Je l'aime! Il n'aura pas à mourir promptement:
A lui mes itzibous! Un bienfait vaut la gloire!
Mais, ô Saïnara, gardez bien ma mémoire.
Car...

Il regarde son manuscrit. Geste d'éventail.

Permettez! — « Parfois, sur le bord d'un étang,
Un Renard meurt de faim; la Sarcelle l'entend,
Et, prise de pitié, soudain lui sacrifie,
Avec ses œufs, l'espoir d'une future vie!... »
Ainsi, ces vers, tombés du cœur de votre amant,
Resteront inédits. J'y consens tendrement.
Mais aimez-les bien, car, à l'aurore, madame,
En disant votre nom, j'aurai rendu mon âme.

SAÏNARA, *souriant, avec incrédulité.*

Vous, mourir ?

KAMI.

Vous riez... Pourtant, je ne mens pas :
Vers mon logis la mort se dirige à grands pas !

SAÏNARA.

Mourir, vous ?

On frappe à l'extérieur.

KAMI.

Écoutez !...

TAÏ-PHOON, *au dehors.*

Holà ! l'homme des rimes !
Debout !... L'aube aux pieds d'or court déjà sur les cimes.
Allons ! voici l'instant de tenir ton serment.

SAÏNARA, *troublée en apparence.*

Qu'entends-je ?

KAMI, *amèrement.*

On m'avertit très charitablement
Que le Dragon du Jour mord la Nuit et l'entame ;
Que l'heure du repos cesse pour moi, madame ;
Et qu'il me faut mourir !...

SAÏNARA.

Mourir !

KAMI, *accablé.*

J'ai fait ce vœu.

SAÏNARA, *avec passion, lentement.*

Mais... si je vous priais de vivre ?...

KAMI, *bondissant.*

Quel aveu !

Vous m'aimez !... Vous m'aimez !...

SAÏNARA, *comme vaincue.*

Eh bien ! oui !... je vous aime

Ne mourez pas !... Fuyons ! pendant que la nuit sème
Ses étoiles, ainsi qu'un prodigue son or...

KAMI, *se tordant les mains.*

Elle m'aime ! et je dois...

SAÏNARA, *avec amour.*

Il en est temps encor,

Viens ! Je sais loin d'ici, sous des pins séculaires,
Un asile où jamais n'atteignent les colères
Des démons conjurés et du destin cruel !
Viens ! ici, c'est la terre ; et là-bas, c'est le ciel !
Viens, ô mon amour, viens sentir sur les rivages
Des lacs d'azur l'odeur des muscadiers sauvages ;
Viens, je cède à mon cœur, je l'ai trop combattu ;
Viens vivre, obscurs, là-bas, mais bien heureux !...Veux-tu ?

KAMI, *avec extase.*

Oh ! sort délicieux !...

SAÏNARA, *avec émotion.*

... Sous un berceau de branches

Qui verseront leurs fleurs sur nos deux têtes blanches,
Nous attendrons, joyeux, l'instant noir du trépas...
Viens! fuyons!

> LA VOIX DE TAÏ-PHOON, *menaçante.*

Hé! poète!

> KAMI, *échappant à la séduction des paroles de Saïnara.*

Ah! vous ne m'aimez pas,
Vous qui me proposez cette action infâme
De préférer la vie à mon honneur, madame!
Partez! Je veux mourir comme je l'ai promis,
Par respect pour le nom sans tache des Kamis!
Adieu! Laissez-moi donc expirer dans mon antre...

> SAÏNARA, *éclatant de rire.*

Ah! ah! ah!

> *Elle va pousser le châssis de l'entrée.*

> KAMI, *douloureusement surpris.*

Vous riez?

> SAÏNARA. *Elle appelle.*

Holà! hé! Djouros, entre!
Entre aussi, Sazhima!

> *Sazhima (Musmé) suivie de Djouros (Taï-Phoon) apparaît.*
> *Musmé s'avance par l'entrée, et Taï-Phoon enjambe le seuil de*
> *la baie du fond.*

SCÈNE VIII

KAMI, SAINARA, TAÏ-PHOON, MUSMÉ.

KAMI, *au comble de l'étonnement.*

Musmé! si je vois clair.

MUSMÉ, *gracieusement.*

Dis : Sazhima.

KAMI, *secouant la tête d'un air de négation.*

Musmé!

MUSMÉ.

Dis : Sazhima, mon cher!

KAMI, *ahuri, apercevant Djouros.*

Et voici Taï-Phoon! Il a devancé l'heure!

TAÏ-PHOON.

Non, je suis à présent Djouros, dans ta demeure.

KAMI.

Djouros! Sazhima! Mais j'en perdrai la raison!
Que veut dire ceci?

SAÏNARA.

Tu vois dans ta maison
Deux dames de la ville, oui, deux de mes amies.

KAMI, *toujours poli. Geste d'éventail.*

A cette heure pourtant les fleurs sont endormies?

MUSMÉ.

Merci!

TAÏ-PHOON.

Merci!

SAÏNARA, *souriant, mais avec douceur.*

Merci! Nous t'avons éprouvé,
Ces deux dames et moi...

KAMI.

Mais alors, j'ai rêvé?...

SAÏNARA.

Non! Mon pauvre oncle Kash seulement fut un rêve!

KAMI.

Quoi! je ne serai pas étendu là, le glaive
A la main et sanglant?

SAÏNARA.

Tu seras mon époux!
Ah! je te surveillais, Kami, d'un œil jaloux;
Je voulais un mari, mais un mari modèle,
Qui fût brave, et qui fût généreux, et fidèle:
Or ces trois qualités, tu les as, cher vainqueur:
Tu sors pur d'un combat dont le prix est mon cœur!

KAMI, *aux genoux de Saïnara.*

Mon poème! ma femme! Oh! mon âme engourdie
S'éveille enfin!

MUSMÉ.

Ainsi finit la comédie...

TAÏ-PHOON.

Que nous avons jouée en cette nuit d'été.

KAMI, *fou de joie, fait son geste favori.*

Permettez!...

Puis il se ravise, et dit simplement :

Buvons tous une tasse de thé...
Mais d'abord saluons l'assemblée honorable...

Tous, en ligne, à l'avant-scène, ils s'inclinent devant les
spectateurs.

Et puisse le Poète, épris du Vieux Japon,
Qui peignit (le premier à Paris) ce *Crépon*,
Retrouver auprès d'elle un accueil favorable...

LA JONQUE DES AMANTS

Lors de la représentation de la Belle Saïnara chez Madame Charpentier, la comédie se terminait par la chanson suivante dont la musique, originale et gracieuse, écrite par mon regretté ami Armand Gouzien, fut extrêmement goûtée.

ENSEMBLE.

Sur la mer, à l'horizon rose,
Comme dans les songes charmants
Où s'enfuit le souci morose,
Passe la *Jonque des Amants*.

SAÏNARA.

Ses matelots n'ont pas de rides,
Et leurs yeux ignorent les pleurs ;
Pourtant ils ont les poches vides,
Car on les paye avec des fleurs.
Bien que par la brise amicale
Les appétits soient aiguisés,
On ira loin, car dans la cale
On a des tonnes de baisers.

MUSMÉ-SAZHIMA.

Loin de nos lamentables grèves,
S'en va la Jonque des Amants;
Sa voiture est faite de Rêves,
Et ses agrès sont des Serments.
Le Caprice au hasard la mène :
Qu'importe un but aux cœurs contents?
On y peut vivre une semaine,
Comme on y peut voguer cent ans!..

TAÏ-PHOON-DJOUROS.

Sur le pont jamais de tapage!
L'Amour commande galamment;
Les officiers et l'équipage
Parlent tout bas, très tendrement.
De l'aube à la première étoile
On manœuvre, en riant toujours :
« Ma bien-aimée, au vent la voile!
Virez de bord, ô mes amours! »

KAMI.

Sur cette bienheureuse Jonque,
Solitaire et dépareillé,
J'étais un Novice quelconque,
Qui fut de tous longtemps raillé.
Mais à la fin j'arrive au grade
D'un Aspirant favorisé,
Et dans la Joie, exquise rade,
Mon cœur navigue, pavoisé!

1

PARIS. — Imp. A. LEMERRE, 25, rue des Grands-Augustins.

1. — 2297.

www.ingramcontent.com/pod-product-compliance
Lightning Source LLC
LaVergne TN
LVHW022139080426
835511LV00007B/1174